AF145853

Dieses Büchlein beinhaltet eine kleine Auswahl von Gedichten über die Liebe, das Leben und andere Gedankenwelten, die ich im Laufe von Jahren niedergeschrieben habe - untermalt mit Bildern von verschiedenen Haltungen von Händen, die oft mehr ausdrücken können als die Worte selbst ...

Thomas Ulsperger

Hände sagen oft mehr als tausend Worte

Gedichte über das Leben, die Liebe und andere Gedankenwelten

Band 1

FSC
www.fsc.org

MIX

Papier aus ver-
antwortungsvollen
Quellen
Paper from
responsible sources

FSC® C105338

Herstellung und Verlag:
BoD - Books on Demand, Norderstedt
ISBN 978-3-7347-4851-6

Die Gedichte

Momente   13

Die Reise   14

Bilder   15

Sonnenschein   16

Im Wald   18

Die Ruhe nach dem Sturm   19

Nachtgedanken   21

Leben vom Weltall aus gesehen   22

Ferne Orte   26

U(h)rsprung   28

Das Blatt   30

Der große Plan des Lebens   32

Warum?   36

Perfektion   38

Auf dem Weg zum Glück   39

Auf'm Weg bleiben   40

Stille   41

Grenzenlos   43

Zukunft   44

Du tust mir gut   46

Der lange Weg   48

Für Dich hätt' ich   50

Das Füllen der Leere   53

Das Kissen   55

Irrlicht   56

Träume   58

Gleichgewicht   59

Leidenschaft   61

Frohe Weihnachten   62

Der Maskenball   65

Erholung in der Natur   68

Einige Menschen haben mich gefragt, wie man das denn eigentlich macht, das mit dem Schreiben. Vereinfacht ausgedrückt, würde ich meinen: Nun, da ich das Glück hatte, als Kind Lesen und Schreiben zu lernen, fällt es mir auch heute noch leicht, dieses zu tun.
Spaß beiseite, richtig erklären, kann ich das eigentlich nicht.

Nun, das Abschreiben eines Textes ist wohl die einfachste Art des Schreibens. Aber auch hier entwickeln sich eigene Gedanken und Gefühle, die erheblich vom eigentlichen Text abweichen können - man wird inspiriert. Einiges Geschriebene lässt eigene Worte und Bilder entstehen, die man dann versucht, in seinen eigenen Worten aufzuschreiben.

Etwas Gehörtes oder Gesehenes bewegt einen ebenfalls dazu, dieses niederzuschreiben - aber auch besondere Ereignisse, Erlebtes oder Gefühltes.

Ich hab mal auf einer Schiffsfahrt von La Spezia nach Olbia auf Sardinien versucht, das Schreiben zu erklären:

"Man nehme eine Handvoll Buchstaben und

verschmelze diese mit Hilfe des Gedächtnisses zu Wörtern.

Diese werfe man in einen hohlen Körper und schütt'le diesen eine kleine Ewigkeit.

Dann dringe man mit Hilfe der dem Herzen näheren Hand in diesen Körper ein und ergreife wahllos ein Wort nach dem anderen.

Die dem Herzen nähere Hand gibt nun jedes Wort einzeln durch den Körper und den Kopf an die mit einem Übertragungsgerät bestückte, dem Herzen entferntere Hand, weiter, so daß diese aus dem kurzzeitig belebten wieder einen leeren Körper macht.

Alle Worte haben den Körper jetzt wieder verlassen, um leeres Papier und tote Bäume lebendiger erscheinen zu lassen, oder?" ...

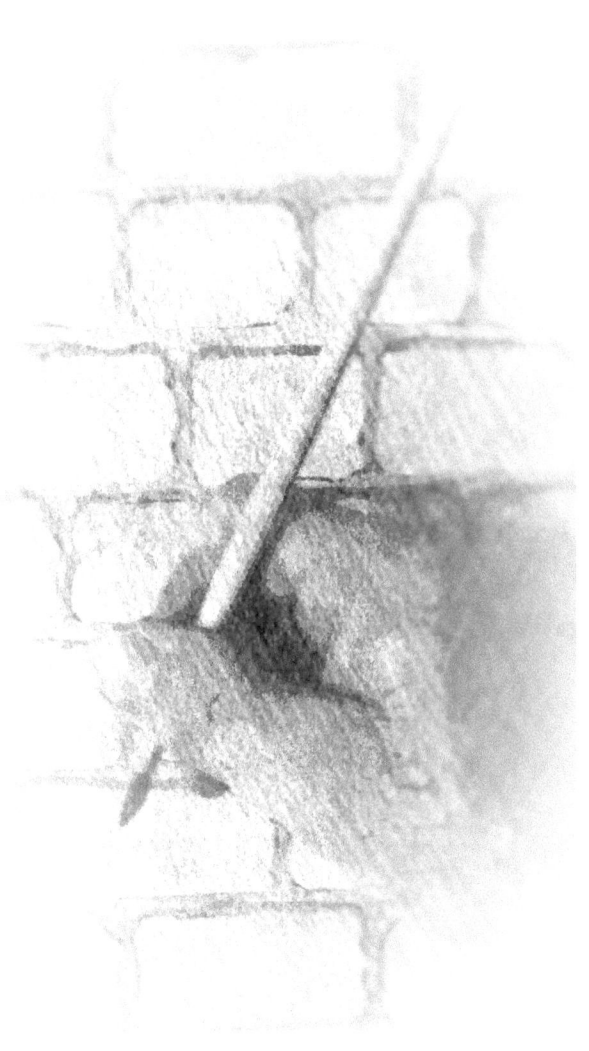

Momente

Geht man raus aus seinem Haus,
sieht die Welt gleich anders aus.
Die Birkenblätter treiben aus in zartem Grün,
man erblickt die Schlehen schneeweiß erblühen.

Der Himmel erstrahlt in träumerischem Blau,
Wolken durchwandern ihn in weiß und
wechselndem Grau.
Bisweilen hält sich die leuchtend gelbe Sonne
dahinter versteckt,
ihre Wärme hat die blauvioletten Veilchen zum
Leben erweckt.

Der Wind streicht über den grünlich blauen
Bach dahin,
Farben und Bewegung vereinen sich zu einem
höheren Sinn.
Bilder entstehen tief drinnen, man hält ihn fest
den vergänglichen Moment.
Mit seinen Händen ihn formen - das ist das
dann, was man Malerei nennt ...

Die Reise

Das Leben ist 'ne weite Reise,
ein jeder reist auf seine Weise.
Der eine laut, der andere leise -
mancher dreht sich immer nur im Kreise.

Wachsen und Gedeihen,
einer tut's im Verborgenen, einer im Freien.
Mancher allein, viele zu Zweien -
wenige können sich aus dem Kreislauf befreien.

Reich sein bedeutet für viele Geld und Macht,
die einen lieben den Tag, die andern wandeln
durch die Nacht.
Einige haben mit sich und der Welt Frieden
gemacht.
Viele haben schon lange nicht mehr gelacht.

Den meisten sieht man nicht hinters Gesicht,
viele wandern im Dunkeln, viele im Licht.
Manche finden den Weg trotz Suche nicht.
Einzelne singen oder schreiben ein Gedicht ...

Bilder

Die Sonne ist schon am Horizont
untergegangen,
ich bin von des Himmels Farben gefangen.
Von schwarz über grau und dunkelblau
bis lila und rot - und ich schau und schau und
schau.

Hinter mir liegt die sternerfüllte Nacht.
Vor mir hat eine unsichtbare Hand ein
Kunstwerk vollbracht.
Ständig verändert sich des Himmels Bild.
Mein Herz schlägt schnell und wild.

Ein jeder nimmt die Welt um sich herum anders
wahr.
So mancher stolpert taub und blind durchs
Leben, durch jedes Jahr.
Mal einfach die Augen öffnen und schauen,
sich an der Herrlichkeit der Welt erbauen.

Mit keinem Geld der Welt kann man diese Bilder
zahlen.
Kein Pinsel der Welt kann diese Bilder malen.
Und doch bleiben sie, man kann sie wahrnehmen
mit allen Sinnen -
mit dem inneren Auge - ganz tief drinnen ...

Sonnenschein

Der Himmel strahlt in weiß und blau,
die Sonne wärmt mit ihren Strahlen.
Warum dreht sich in dieser Welt nur alles um
Zahlen?
Ich werd' daraus nicht schlau.

In den Auen blühen die ersten Blumen in vielen
Farben.
Die Wolken spiegeln sich im träge fließenden
Fluss,
sich an dem allen erfreuen - welch ein Genuss.
Vergessen sind Wunden und Narben.

Gänse ziehen laut schreiend vorbei,
eine Wasseramsel wippt im rauschenden Fluss
auf einem Ast.
Ein Schwanenpaar gründelt nach Essbarem ohne
Hast,
die Zeit verschwindet, alles Geld der Welt ist
einerlei.

Draußen am See und unter den Bäumen
muss man nicht funktionieren oder eilen.
Hier kann man in Ruhe und Frieden mit der Welt
verweilen.
Man kann hier leben und gleichzeitig auch
träumen ...

Im Wald

Häuserschluchten, Lärm und dicke schwere
Luft,
man sehnt sich nach Ruhe und lieblichem Duft.
Also raus aus der Stadt und in die Natur.
Warum macht man das so selten nur?

Ist es die Bequemlichkeit -
oder das implantierte Selbstmitleid?
Noch hängt an den Zweigen der Morgentau,
der Himmel lacht in tiefstem Blau.

Das Sonnenlicht glitzert in des Spinnennetzes
Tropfen.
Endlich hört man sein Herz wieder klopfen.
Jeder Schritt auf dem satten grünen Moos ist
wie ein Schweben.
Ja hier bei den Bäumen beginnt man wieder zu
leben ...

Die Ruhe nach dem Sturm

Vom Weltall aus gesehen ist die Erde blau und
weiß und grün.
Des Nachts schwarz und gelb, dort wo die
Lichter der Menschheit glüh'n.
Ein stetiger Wechsel bestimmt das Bild -
mal wirkt alles klar und ruhig, mal stürmisch und
wild.

Wie der Sturm, der sich vor mir aufbaut.
Wohl sind mir solche Bilder vertraut.
Wie angenehm es ist, wenn der Wind über die
Haut und durch die Haare weht.
Wenn man sein eigenes Wort im Winde nicht
mehr versteht.

Bisweilen bauen sich die Wolken hoch auf zu
einem mächtigen Turm.
Und es entsteht ein Wirbelsturm.
In seinem Sog wird alles nicht Standhafte nach
oben gerissen.
Und, nachdem es seine Leichtigkeit verloren
hat, wieder nach unten geschmissen.

Unsichtbare Kräfte sind da zu Gange.
Beim Fühlen der ersten Windböen wird mir
Angst und bange.
Hat einen der Sturm erst fest im Griff,
ist's wie auf dem Meer mit einem steuerlosen
Schiff.

Des Willens beraubt,
die Sinne vom umherwirbelnden Dreck
verstaubt,
kann man sich nur noch dem Schicksal ergeben -
Doch ich will leben.

Und so weiche ich dem Sturme aus.
Halte mich aus dem Ganzen raus.
Wandere um den Sturm herum -
Genieße die Ruhe - die Natur ist auch ohne Wind
nicht stumm ...

Nachtgedanken

Draußen ist's dunkel, es ist Nacht.
Man frägt sich, was hat der Tag gebracht.
Hat man geweint, hat man gelacht?
Was hat man gefühlt, was hat man gedacht?

Hat man gewartet, bis die Zeit vergeht?
Hat man dem Wind zugesehen, wie er weht?
Manch einer ist vielleicht gefallen, ein anderer
steht.
Einer hat sich gequält, ein anderer um sein
Leben gefleht.

Vieles ist geschehen auf der Welt.
Manche haben etwas vollbracht aus Freude, die
meisten wohl für Geld.
Einige verloren ihr Leben auf der Erde
Schlachtfeld.
Einige haben gewonnen, nennen sich jetzt Held.

Der eine findet Ruhe, ein anderer muss sich
ständig aufregen.
Egal, ich lausche jetzt dem nächtlichen Regen
und werd' mich zu Bette legen,
die Nacht durchwandern und mich morgen
weiterbewegen ...

Leben vom Weltall aus gesehen

Still und stumm sitzt ein kleiner Junge auf einem Stein.
Sitzt da - so ganz allein.
Der Tag begrüßt ganz langsam und sanft die Nacht.
Der Junge erblickt die ersten Sterne - und er lacht.

Kein lautes Lachen, eher ein Glänzen in seinen Augen.
Und er beginnt, das Weltall in sich aufzusaugen.
Er begibt sich auf eine Reise.
Um ihn herum ist alles leise.

Ein Komet rast ziellos durch das grenzenlose All.
Und es geschieht das Unfassbare - ein lauter Knall.
Er trifft auf einen Planeten in den unendlichen Weiten.
Sie verschmelzen und ein Teil beginnt zu entgleiten.

Doch die Anziehungskraft ist zu groß,
Mutter Erde lässt ihren Begleiter nicht mehr
los.
So kreisen sie umeinander in naher Entfernung;
niemals mehr so nah wie bei ihrer ersten
Umarmung.

Und noch ein weiterer kleiner Planet
entstand und wurde schließlich zum Komet.
Und nachdem er die Anziehungskräfte
überwandt,
verlor er sich zunächst in der Weite und
verschwand.

Frei und allein durchstreift er das All.
Es geht nur in eine Richtung, er hat eh keine
Wahl.
Plötzlich spürt er eine Kraft, die seine Bahn
erfasst.
Ein golden glänzender Stern schwebt da in der
Leere - ganz ohne Eile und Hast.

Er kann sich nicht wehren gegen den
scheinenden Glanz.
Er umkreist den Stern - in naher Distanz.
Doch die Kräfte schwinden -
Und er wird fortgetragen von unsichtbaren
Winden.

Weiter geht die Reise durch die dunkle Leere.
Ach wenn's doch nur ein wenig wärmer wäre.
In der Ferne glimmern matt ein paar Lichter.
Zu weit entfernt - ohne Namen und ohne
Gesichter.

Bedeutungslos sind Zeit und Raum -
es ist ja nur ein Traum.
Langsam erwacht der Tag und es wird heller.
Es scheint, die Zeit eilt wieder schneller.

Der Stein ist benetzt mit Morgentau.
Wie lang der alte Mann dort saß - er weiß es
nicht genau.
Die ersten Sonnenstrahlen zaubern ein Lächeln
in sein Gesicht.
Ein neuer Tag beginnt - und er schreibt ein
Gedicht ...

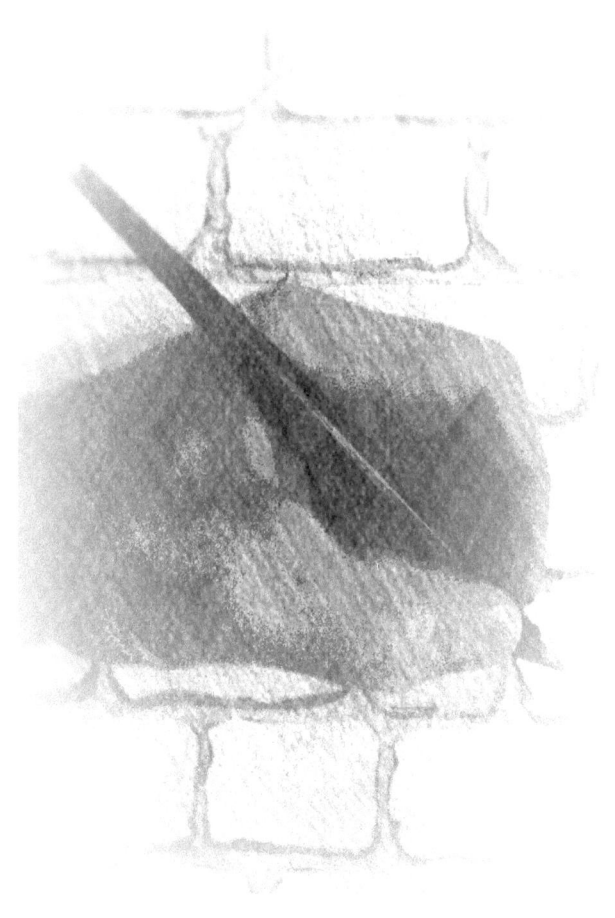

Ferne Orte

Die ersten Herbststürme ziehen übers Land,
tauchen es in ein buntes Gewand.
Gelb und rot wird alles, was mal war grün,
nur ganz vereinzelt ist noch eine Blume am
blüh'n.

Viele nehmen den Zeitenwandel gar nicht wahr,
hetzen blind und taub durchs ganze Jahr.
Körper, Geist und Seele werden ruiniert.
Und wehe dem, der nicht funktioniert.

Abgeerntet sind die nun stoppeligen
Getreidefelder,
bunt leuchten die nahen Wälder.
Am Himmel wabert ein Schwarm aus Staren,
sie sammeln sich wieder wie in all den Jahren.

Sie wandern in ein anderes Land.
Keine Entscheidung geboren aus Verstand.
Sie können einfach hier nicht mehr leben,
das Land hier kann ihnen nichts mehr geben.

Ohne Vorankündigung und ohne viel Worte,
ziehen sie fort in ferne Orte.
Ist der Weg auch noch so beschwerlich und
weit -
es ist ihr Leben und ihre Zeit ...

U(h)rsprung

Nackt, ohne Blätter, stehen sie im
herbstlichen Wind -
die scheinbar toten Bäume, die doch so lebendig
sind.
Immer am selben Ort können sie sich nicht
fortbewegen.
Und doch schenken sie Vielen Vieles für ihr
Leben.

Wie lang sie dort stehen, ist ihnen egal -
sie hatten ja eh nicht die Wahl.
Zufällig vom Wind an ihren Platz geweht,
hat jeder sein Bestes d'raus gemacht, wo er
jetzt steht.

Sie haben sich nie gefragt, ob ihnen der Boden
gehört -
sie hat der stetige Besuch von Fremden wie
Eichhörnchen, Amsel und Meise nie gestört.
Und auch ob das schon immer alles hier so war -
Tag für Tag, Jahr für Jahr.

Das Jetzt und Hier hat's und wird's so nie mehr
geben.
Stetig ist der Wandel von Raum und Zeit im
Leben.
Das Festhalten an dem, was mal war, ist ihnen
fremd.
Das würde nur das sein, was sie am wachsen
hemmt.

Dagegen versucht der Mensch Bilder
festzuhalten,
um mit diesen seine Zukunft zu gestalten.
Doch wer bestimmt, ab wann ein Bild in Stein
gehauen wird?
Und wer sagt, daß man sich nicht im Zeitpunkt
dafür irrt? ...

Das Blatt

Manchmal kann die Zeit nicht schnell genug
vergehen.
Man sitzt da und wartet.
Sieht die Winde an einem vorüberwehen
und hofft, daß die Neue Zeit bald startet.

Gerade hat es noch geregnet -
Jetzt kämpft sich die Sonne hinter den Wolken
hervor.
Wie lange ist man schon niemandem mehr
wirklich begegnet -
wo steht das goldene Tor?

Die Luft ist wieder frisch und rein,
sanft streicht ein lauer Wind durch die Bäume.
Bald werden sie wieder kahl sein,
bald kommen wieder die Winterträume.

Doch noch tanzen viele Blätter an den Zweigen;
in leuchtenden Farben - gelb, orange und rot.
Hast und Eile sind ihnen nicht eigen,
auch kein Gedanke an den nahenden Tod.

Da löst sich plötzlich eines von einem Ast.
Es schwebt geräuschlos, kein Laut ist zu hören,
und tänzelt im Wind ohne schwere Last.
Nichts und niemand kann es beim Fallen stören.

Nach einer gefühlten Ewigkeit hat es den Boden erreicht,
dort liegt es nun unter tausend ander'n.
Alles Leben ist aus ihm entweicht,
um von Neuem den steten Kreislauf zu durchwandern ...

Der große Plan des Lebens

Sanft und leise schweben sie zur Erde,
auf daß die Landschaft winterlich werde.
Keine gleicht der andern -
Schneeflocken, die durch die kalte Luft
wandern.

Von den Winden getragen,
nie nach einem Ziel fragen,
tauchen sie die Erde sogar des Nachts ins Licht.
Nur langsam schmelzen sie in den Tränen auf
dem Gesicht.

Doch kaum ein Mensch scheint ohne Plan
durch's Leben zu gehen.
Hetzt von Erreichen eines Erfolges zum
nächsten, ohne das Leben wirklich zu sehen.
Macht über andere zu erstreben,
ist eines der großen Ziele in ihrem Leben.

Nur die eigenen Ideale sind die richtigen -
wer nicht denkt wie sie, gehört bald zu den
Unwichtigen.
Theaterspielen haben sie schon früh erlernt.
Ihr wahres Gesicht versteckt, gar mancher hat
es ganz entfernt.

Doch sie nehmen nichts mit auf ihre letzte
Reise.
Nichts bleibt von ihnen in ähnlicher Weise
wie bei den Schneeflocken, die geschmolzen
sind.
Ach, wäre man doch nochmal Kind ...

Warum?

Der Schein des Mondes erleuchtet die Nacht,
die Zeit der Ruhe hat begonnen.
So mancher ist aus seinem Tagschlaf erwacht,
auf der anderen Seite der Erde liegen
Menschen, die sich sonnen.

Es sieht so aus, als herrsche Frieden auf der
Welt.
Doch der Schein trügt und viele Menschen
müssen leiden.
Einzelne streben nach Macht, Ruhm oder Geld;
befallen davon sind ihre Gedanken, durchtränkt
bis in ihre Eingeweiden.

Viele verlieren ihr Zuhause, all ihr Hab und Gut.
Viele werden verletzt, viele verlieren ihr Leben.
Vielen wird der Glauben genommen - und ihr
Mut.
Und niemand kann ihnen das Verlorene wieder
zurückgeben.

"Wozu sind Kriege da?",
hat Udo mal gesungen.
Sie sind nicht fern - näher als nah.
Der Weltfrieden ist noch nicht gelungen.

Ihn wird es wohl nie geben,
wenn nicht ein jeder ihn mit sich selbst schließt.
Und ein jeder, der da nimmt eines anderen
Leben,
sollte sich überlegen, ob er sich nicht selber
erschießt …

Perfektion

Viele streben nach Perfektionismus,
 wohl die höchste Form des Egoismus.
Fehler machen immer nur die Ander'n.
Wer nicht richtig tickt, soll doch bitte
woandershin wandern.

Wenn einer das nicht selber erkennt
und den finalen Absprung verpennt,
wird er aktiv eliminiert.
Oder geistig kastriert.

Doch sind es nicht jene, die bisweilen nicht
funktionieren
und die sich eines Verfehlens nicht großartig
genieren,
die die Gesellschaften weiterbringen?
Die wie in Käfigen gefangene Vögel trotzdem
singen? ...

Auf dem Weg zum Glück

So mancher sucht nach seinem Glück
mit einem Blick zurück.
Wohl wahr, man hat's schon mal gefunden.
Und sich auf dem Weg zum erneuten Empfinden
geschunden.

So mancher konnte es nie mehr finden.
Und ergab sich dem Erblinden.
Blieb in der Dunkelheit stehen.
Und verlernte das Weitergehen.

So mancher sieht das Glück in der Zukunft vor
sich.
Gefühl und Vernunft ausgeschaltet - es zählt
nur noch das Ich.
Ein festes Bild begleitet ihn in seiner Zeit, in
seinem Raum.
Hat er sein Glück erreicht, merkt er, es war nur
ein Traum.

So mancher hat die Suche nach dem Glück
aufgegeben.
Geht seinen Weg und lebt sein Leben.
Genießt Momente, fühlt sie als unendlich.
Lächelt - und - ist glücklich ...

Auf'm Weg bleiben

Hoch über den Bergen steht noch der Mond im
zarten Grau.
Mal sehen, was der Tag so bringt, man weiß es
nicht genau.
Ein Schwarm Krähen zieht laut krächzend ins
Tal.
Ich lass' mich gerne überraschen, verzichte auf
eine Wahl.

Langsam wird es heller,
das Leben, so scheint's, wird schneller.
Soll ich heut' was malen oder schreiben?
Oder lass ich mich anderswohin treiben?

Heut' will ich mal nicht funktionieren,
nicht meine Zeit und etwas von mir verlieren.
Was bleibt am Ende des Lebens übrig vom Ich?
Wo wird es geblieben sein? , frag' ich mich ...

Stille

Kein Wind bringt die Bäume zum Singen,
auch den Vögeln will das Zwitschern noch nicht
gelingen.
So oder ähnlich muss es im Weltall sein,
man fühlt nichts als Leere und scheint allein.

Nur die eigenen Gedanken und Gefühle erfüllen
den Raum,
ist das das Leben oder nur ein Traum?
Einen Schritt nach draußen und es wird laut.
Alles ist anders, nichts ist mehr vertraut.

Kämpfe um dies, Kämpfe um das,
auf Kosten anderer verletzender Spaß.
Arroganz und Allwissenheit,
gefangen von Macht, vergessen des Lebens
Heiterkeit.

Viel Freude bei Psychospielen,
wer anders denkt und fühlt, auf den muss man
zielen.
Gibt's denn überhaupt noch Achtung und
Toleranz?
Ich für meinen Teil mach da nicht mit bei dem
irren Tanz.

Leben und Leben lassen,
man muss nicht in eine Schublade passen.
Den eigenen Weg wird man nur finden,
kann man sich vom Ellbogenwahn entbinden.

Man schließt die Augen und alles liegt wieder im Dunkeln.
Und doch - da - in der Stille ein Funkeln.
Hell und warm glitzert es in der Ferne.
Und vor einem liegt der Weg - ich hab die Stille gerne ...

Grenzenlos

Es heißt, näher zusammen rückt die Welt,
nicht das Einzigartige sondern das
Allumfassende zählt.
Alles wird vereinheitlicht,
andere Ziele gelten nicht.

Nur scheinbar werden Grenzen abgebaut,
Menschen wird ihre Eigenständigkeit geklaut.
Doch in den Köpfen bleiben sie erhalten;
die Welt beginnt zu vergrauen und zu erkalten.

Eine andere Art der Kolonisation,
eine neue Ordnung ist der Lohn.
Ideale werden hochgehalten,
dabei entstehen noch mehr Grenzen und die
Welt wird noch mehr gespalten.

Doch man sollte sich nicht entmutigen lassen,
den Weg der Liebe wählen - nicht hassen.
Mal Grenzen ignorieren - ganz ohne Verstand.
Sonst gelangt man nie in andere Sphären oder in
ein and'res, fernes, grünes und freies Land ...

Zukunft?

Kann man sich eine Zukunft kaufen?
Oder muss man ein Leben lang laufen?
Man sagt, den Moment zu leben,
sollte man erstreben.

Welche Zukunft soll man wählen?
Für welche Träume soll man sich quälen?
Soll man in Erinnerungen weilen,
einfach gehen, sich nicht eilen?

Die Antworten fallen einem bisweilen schwer.
Manchmal scheint man nicht zu leben, denkt nur
quer.
Glaubst du an Schicksal und Zufall?
Oder wartest du gar auf den großen Knall?

Schritt für Schritt, ganz langsam und sacht,
tänzelt der Narr ganz unbedacht,
weiter im Nirgends und Nichts -
im Wandel der Dunkelheit und des Lichts ...

Du tust mir gut

Noch find' ich nicht die richtigen Worte.
Und weiß auch nicht, ob ich sie finden will.
Wünsch' mir, die Zeit stehe nicht still.
Du bist an einem weit entfernten Orte.

Es tut so gut, mit Dir die Tage zu durchleben.
Du lässt mich lächeln, schmunzeln und lachen.
Ich denk an scheinbar verrückte Sachen.
Du nimmst und forderst nicht, soll ich Dir alles
geben?

Vieles schwebt im Ungewissen,
Zeit und Raum sind nicht mehr da,
Ich sitz' hier und frag mich, ist das alles wahr?
Würde es nicht sein, würde ich Dich nicht
vermissen.

Offen ist das Ende, ungewiss der Weg.
Du berührst mich tief drinnen.
Ich zweifle an meinen Sinnen.
Wir stehen, jeder für sich und doch gemeinsam,
am Meer auf einem Steg.

Ich schau zum Fenster raus,
ein Vogel fliegt vorbei.
Da ist noch einer, jetzt sind es zwei.
Mal fliegt der eine, mal der andere voraus.

Mir ist's, als ob wir uns schon ewig kennen.
So vertraut und auch so nah,
als wärest Du schon immer da.
Ich spür' ein Feuer tief in mir, beginnen zu
brennen.

Vielleicht bist Du's, die Eine?
Das Rinnsal wird zum Bach und dann zum Fluss -
ich spring hinein, keine Wahl, ich muss.
Jetzt bin ich nicht mehr alleine ...

Der lange Weg

Ich spüre den Wind auf meiner Haut,
das Gefühl ist mir wohl vertraut.
Tief drlngt er ein in mich,
ich erschrecke, sehe Dich.

Weiß Gott, ich hab mir meinen Weg nicht
ausgesucht,
hab ihn schon tausendmal verflucht.
Doch jetzt weiß ich, ich muss ihn gehen,
auch wenn da noch so viele Hindernisse im Wege
stehen.

Drüben sitzen Fremde, die reden und lachen.
Ich sitz' hier und kämpf' alleine.
Sie sprechen über Erfolge, Geld und Sachen.
Ich such' in mir nach Träumen - finde keine.

Hab mich ertappt bei einem Blick nach dem
Zurück,
seh' die Wolken an mir vorüberziehen -
find' ich nochmal mein Glück?
Oder muss ich weiter vorm Hier und Jetzt
fliehen?

Plötzlich reicht mir jemand die Hand.
Ich nehm' und halt' sie.
Ist's das Gefühl oder der Verstand
oder meine lodernde Phantasie.

Und ich lass los ...

*F*ür Dich hätt' ich ...

*F*ür Dich hätt' ich die Welt verbogen.
Für Dich hätt' ich so oft gelogen.
Für Dich hätt' ich aus Schwarz Weiß gemacht.
Für Dich hätt' ich in allen Farben gelacht.

Für Dich hätt' ich auf alles Geld geschissen.
Für Dich hätt' ich mein Ich weggeschmissen.
Für Dich hätt' ich jede Sternschnuppe
eingefangen.
Für Dich hätt' jeden Tag ein neues Bild im
Rahmen gehangen.

Für Dich hätt' ich ein Märchenschloss gebaut.
Für Dich hätt' ich mich sogar selbst beklaut.
Für Dich wär' ich jeden Tag ein wenig mehr
gestorben.
Für Dich hätt' ich mich um ein langes Leben
beworben.

Für Dich hätt' ich jeden Tag Blumen gepflückt.
Für Dich hätt' ich Mauern verrückt.
Für Dich hätt' ich gegeben mein Leben.
"Für Dich" wird es nicht mehr geben.

Eine Sternschnuppe schwebt durch die
Dunkelheit - und ich fang' sie auf - Für Dich ...

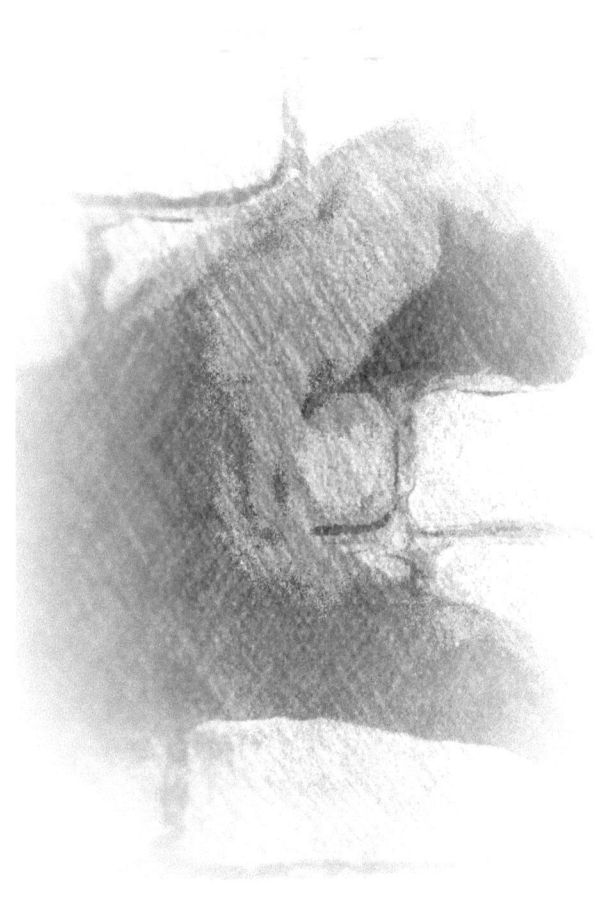

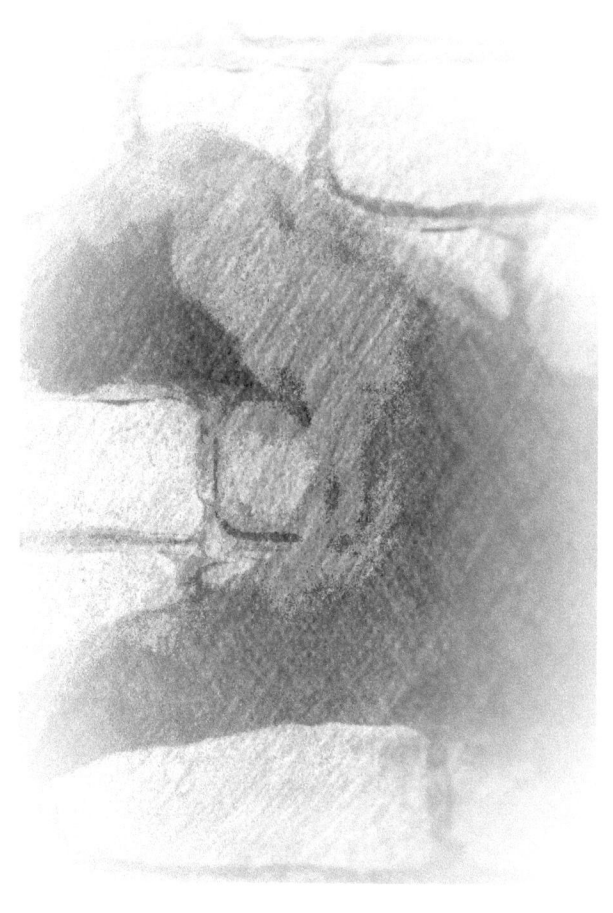

Das Füllen der Leere

Losgelöst von Ängsten und Sorgen,
liefen wir über Wiesen und durch Wälder.
Keine Gedanken an ein Morgen,
hörten wir das Rauschen der Felder.

Der blaue Himmel schien grenzenlos -
gemeinsam liefen wir, weil wir laufen wollten.
Die Welt war für uns nicht zu groß.
Waren einfach - und nicht, was wir sollten.

Bäume am Wegesrand winkten uns zu mit ihren
Ästen.
Mit lieblicher Musik erfüllten die Vögel Raum
und Zeit.
Wir waren unsterblich, wir waren die Besten.
Kein Weg war uns zu weit.

Nun bist du weit weg,
hinterlässt eine große Leere.
Ich steh' am großen Wasser auf einem Steg.
Ach, wenn da doch ein Weg wäre.

Doch das Leben geht weiter;
auch gibt es noch Wiesen, Vögel und Bäume.
Ich erinner' mich - mein Gemüt wird wieder heiter.
Wir treffen uns wieder, bis dahin bleiben nur die Träume ...

Das Kissen

Manche Herzen springen auseinander -
manche Herzen müssen beständig wandern.
Nur der Kopf ruht stetig auf einem Kissen,
das da beharrlich flüstert: Ich will's wissen.
Drum bette Deinen Kopf auf des Herzens Erde -
auf daß das Wissenskissen nicht zum Sieger
werde ...

*I*rrlicht

*E*in Irrlicht fliegt durch einen Wald -
wohl auf der Suche nach einer Gestalt.
An kahlen Bäumen schwebt es vorbei -
ganz unbeschwert und frei.
Doch von Zeit zu Zeit braucht's auch mal eine
Rast.
Und so bleibt's dann grad, wo's ihm paßt.

Als es dann so willenlos in der weiten Leere
verweilt,
durch sein Leuchten ein Baum vor ihm zu
wachsen sich beeilt,
durchtreibt es der immer wiederkehrende
Traum.
Und er wächst und treibt aus – der Baum.

Das Irrlicht sieht sich im Traum als ein
umherschweifender Komet,
der seine Kreise in der Weite des Weltalls
dreht.
Plötzlich kreuzt seine Bahn ein Planet -
der zieht ihn an wie ein Magnet.
Tief gräbt er sich in des Planeten Hülle -
der Baum erblüht bereits in üppiger Fülle.

Und nur für einen Augenblick überträgt der
Komet seine Wärme
in des Planeten Inneres und dessen Gedärme.
Der Planet erleuchtet kurz, bevor er wieder
erblindet.
Der Komet hat nun sein Leben beendet.

Das Irrlicht erwacht ganz jäh aus seinem
Traum -
und nimmt sich noch geschwind vom jetzt
früchtetragenden Baum
Proviant mit für seine weitere Reise.
Der Baum wird wieder kahl und im Wald ist's
wieder dunkel und leise ...

Träume

Viele Träume gibt's im Leben -
und es wird sie immer geben.
Träume können auch zur Wirklichkeit werden.
Sie erleichtern dann scheinbar das Leben auf
Erden.

Doch die sind es nicht, die ich meine.
Denn es sind ja eigentlich keine.
Man verfasst sie in Gedanken und Wort -
und wenn sie da sind, sind sie auch schon wieder
fort.

Diese Träume bringt der Tag.
Und mit ihnen kommt der Sarg.
D'rum hoffe man auf dunkle Nacht -
denn da entstehen Träume, werden niemals
gemacht ...

Gleichgewicht

Der Tag, er wird von Worten durchpflügt.
Und es scheint egal, ob und wieviel jemand lügt.
Viele wollen eigentlich gar nichts sagen -
nur ihre eigene Misere beklagen.

Nur Wenigen ist das Schweigen eigen.
Andere tanzen und labbern munter mit im
großen Reigen.
Es gibt sogar welche, die wollen anderen das
Schweigen rauben.
Doch dabei geraten sie oft an einen Tauben.

Der Taube aber lebt in einem anderen Reich -
von jenen weit weg, gar dem Weltall gleich.
Und der Taube kann wegrennen, so viel er will -
die Ruheräuber sind doch zu viel.

Denn bei den wirren Ruheräubern sind Körper
und Geist noch nicht
im allumfassenden Gleichgewicht ...

Leidenschaft

Es gibt die ein oder andere Leidenschaft,
die, wie ihre Buchstaben schon sagen, nur
Leiden schafft.
Und nimmt man sich nicht in Acht,
geht man als Verlierer heraus aus dieser
Schlacht.

Zum Befreien davon erprobt man, blind und
taub, jeden Kniff
und merkt dabei nicht, man sitzt auf einem Riff.
Man ist ein wenig leckgeschlagen
und glaubt, das ließe sich schon ertragen.

Doch schließlich lernt man, das Wasser bis zum
Halse, doch das
Schwimmen -
um wenig später das nächste Riff zu erklimmen.
Doch eines hat man völlig ignoriert -
und zwar, daß man den Absprung und das Fliegen
ausprobiert ...

*F*rohe Weihnacht

*J*etzt dauert's nicht mehr lange -
mir wird schon ziemlich bange -
dann beginnt die ach so schöne Weihnachtszeit.
Doch aus den Schwefelwolken hat's schon lang
nicht mehr geschneit.

Die Straßen sind wieder mit Menschen voll.
Mancher findet das gar toll.
Ein Obdachloser liegt am Wegesrand -
er hat nur noch die rechte Hand.

Ein Schenkender rennt von Geschäft zu
Geschäft
und blättert in seinem Euroscheckheft.
Aus jedem Laden kommt er mit vollen Tüten
raus.
Doch für den Obdachlosen rückt er nicht mal
einen Euro heraus.

Ein Ehepaar geht in einen Gold- und
Schmuckbazar -
genau dorthinein, wo früher mal ein
Spielzeugladen war.
Die Frau lässt sich hier reich beschenken.
Der Mann hat lang schon aufgehört, zu denken.

Am "Heiligen Abend" ist's dann soweit -
ein kleines Vermögen für Frauchens Eitelkeit.
Und unterm Weihnachtsbaum liest das Kind ein
selbstgeschriebenes Gedicht -
den Eltern läuft die Schminke vom Gesicht.

Der Vater brüllt: "Das ist jetzt des Schenkers
Lohn?".
Für's Kind war's nur der blanke Hohn -
ein Computerspiel und fürs Sparbuch einen
Scheck -
am nächsten Morgen waren der Junge und sein
Teddybär weg ...

Der Maskenball

Kinder, Mütter, Väter, Greise -
alle springen aus dem Gleise.
Vergessen ist das Alltagsleid,
sie schlüpfen heut' in ein anderes Kleid.

Ins Gesicht noch schnell die Schminke,
das Geld sitzt heute locker, genannt auch Pinke.
Der Paul lässt Frau und Kind zuhause,
er braucht ja schließlich auch mal eine Pause.

Der Ring bleibt heut' mal in der Jackentasche,
Paul probiert's mit der
Junggesellenmasche.
Da – Dort – Der Hofnarr sieht doch recht
weiblich aus.
Und Paul gibt gleich einen Champagner aus.

Er prahlt und macht so manchen Witz,
doch leider haut's nur ihn vom Sitz.
Zuerst schmeißt er 'ne Runde für den Saal,
später sogar für's ganze Lokal.

Die Angebetete zeigt dennoch keine Regung -
in Pauls Hose kommt schon langsam Bewegung.
Paul weiß nun bald kein Mittel mehr -
in seinem Innern ist es leer.

Er legt nun Hand an die Gestalt -
Oh Graus – die ist ja eisig kalt.
Die Maske fällt dem Narr vom Gesicht -
Paul traut seinen Augen nicht.
Das Gewand, es gleitet auf's Parkett -
darunter ruht ein knöchernes Skelett.

Ein Totenschädel lächelt ihn mitleidsvoll an.
Und jetzt erkennt der gute Mann,
er sitzt ja vor einem Spiegel dort -
Wann beging Paul bloß diesen grausigen
Selbstmord ...

Erholung in der Natur

Um dem Grau der Stadt zu enteilen,
gedenkt man, am Sonntag an einem Fluß zu
verweilen.
Also schnell alle ins Auto rein -
Frauchen, Hundchen, Kindelein.

Der Weg, auf dem man sich erholen soll,
ist bis zum Bersten voll.
Ein Jogger rennt durch eine Pfütze,
dem Opa haut's den Dreck bis rauf an seine
Mütze.

"Du Saukerl" brüllt der Opa ihm noch nach -
Ach welch herrlicher Tag.
Die Sonne lacht durch ein paar Zweige,
im Gras sitzt einer, der spielt Geige.

Doch Hektor weiß das wohl nicht zu schätzen,
springt den Geiger an, will ihn gar verletzen.
Das Herrchen ruft den Hund zurück -
Nach fünfmal Rufen gehorcht Hektor - welch
ein Glück.

Die Idylle steigt schier ins Unermeßliche -
hier flaniert jeder, es gibt weder Schöne noch
Häßliche.
Frau Schneider trägt 'nen Bibermantel -
im Gebüsch spielt Arthur mit seiner Hantel.

"Paß auf, da kommt ein Mountain-Bike".
Der Lenker heißt jetzt nicht mehr Michael
sondern Mike.
Der Fitness-Trip hat sie fast alle -
die Ausrüsterindustrie reibt sich die Kralle.

Ist man dann nach der Ertüchtigung wieder
zuhaus',
entspannt man sich und ruht sich erstmal
kräftig aus.
Und am Ende des Tages das Ergebnis:
Ein wunderbares und erholsames
Naturerlebnis ...

Sollte sich der ein oder andere Leser in einem oder gar mehreren der Gedichte wiedergefunden haben, möchte ich mich an dieser Stelle schon dafür bedanken, daß er es zugelassen hat ...

Für Euch

Vielen Dank noch an Trixi, die mir bei der Erstellung des Bildes in der Mitte des Buches geholfen hat.

Und natürlich auch Dank an das Model Lena.

Illustration: Thomas Ulsperger

Am Ende möchte ich noch auf ein weiteres Buch
von mir hinweisen - "Im Spiegel der Birke",
zwanzig nahezu unmenschliche Parabeln.

Erhältlich ist das Buch unter www.thomasu.de,
in einigen Buchhandlungen oder in zahlreichen
Online-Buchshops (auch als E-Book).